कुछ लिखते लिखते

विकास कुमार गोयल

pencil

ISBN 978-93-5667-316-8
© Vikkas Kumar Goyal 2022
Published in India 2022 by Pencil

A brand of

One Point Six Technologies Pvt. Ltd.
123, Building J2, Shram Seva Premises,
Wadala Truck Terminal, Wadala (E)
Mumbai 400037, Maharashtra, INDIA
E connect@thepencilapp.com
W www.thepencilapp.com

Author biography

"कुछ लिखते लिखते", कविताओं का दूसरा संग्रह है। इससे पहले "जो हम कह नया सके भी कवि द्वारा लिखा जा चुका है। आशा है कि आपको पसंद आएगा । .

CONTENTS

यादों की सेज पे

यादों की सेज पे
सिमटी सी वो परी
वो नथ वो बाजूबन्द
वो लहँगा सितारी
खुश्बु से भरी
मदमस्त खुमारी
दिखती है खिलती है
छलकती है लरजती है
यादों के पन्नो में
आ आ के मचलती है

गुस्ताख़ ख्वाहिश मेरी

गुस्ताख़ ख्वाहिश मेरी

वो कशिश तेरी

वो चुभन तेरी

वो तेरे रूप का

मदमस्त प्याला

वो छलकती तेरी

अदा ने मारा

वो खुशबू तेरे जानिब की

वो मदमस्त बदन

जिसे पाने को

दौड़े दौड़े हम

वो हया तेरी

वो सादगी तेरी

बन के चुम्बक

खींचे जानिब तेरी

वो तेरा रूप रस

है कोई अमृत
जिसे पीने को
पाने को
गुस्ताख़ ये मन

जो भुलजाने पे

जो भुलजाने पे
आमादा है
उनको क्या मालूम नहीं
मजबूरी तो बस
एक रास्ता है
दामन छुड़ाने का

आंखों के दरीचों से

आंखों के दरीचों से

जो ये बूंद निकली है...

रूह की चीख है

ख़ामोशी से गुज़री है...

कि ठिठककर खड़ी है

पलकों के किनारे...

न कहते बनी है

ना रोके रुकी है...

ए इब्ने बतूता खैरो खां

ए इब्ने बतूता खैरो खां

तेरी मिल्कियत के मैं सदक़े

इन इंसानी बुतों के शहरों में

ये तेरी रज़ा के सब जलवे

ये महफिलों रज़ा आबादी है

सब मस्त मतंग और राज़ी है

एक तेरी रज़ा जो नज़ीर हो

तो क़ायनात सब हाज़िर हो

जब तेरी नज़र का तल्ख़ बने

तो शहरों अमन सब तंग लगे

महफिले चिराग सब तालिख़ हों

और नूर तेरे का शोर मचे

इंसानों करीम बेंज़ोर हो तब

जब तेरी रोशनी नूर भरे

दे सबक इंसानों इंसानी का

तू ही करीम सब ओर कहें

दे सबक इंसानों इंसानी का

तू ही करीम सब ओर कहें

प्रेम की चौपाई

प्रेम की चौपाई
विरह के छंद
लिखे है मैंने

बदले मौसम की
रुसवाई शहनाई
सुनी है मैंने

खिली धूप में
श्याम घटा छाई
देखी है मैंने

विचलित मन की
आँखें डबडबाई
रखी है मैंने

पिया के रंग में

पिया के रंग में रंग गयी

पर जाऊँ न पी के संग

बंसी की उसकी तान रे

भावे ना, वो है बेदर्द

मीठे से उसके बोल रे

निष्ठुर बड़ा बेरंग

नृत्य वो उसकी ताल रे

नाचूँ ना, बड़ा नटखट

काम के रस में डूब रही

सौंपूं ना ये सर्वस्व

मरी मैं उसकी मुस्कान पे

हँसू ना मैं बेबस

अनंत से आये

अनंत से आये
अनंत में जाना
और किसका यहाँ
अपना ठिकाना

एक ही हैं
सब, एक रचयिता
तत्व एक सब
एक नियंता

भिन्न बनावट
भिन्न चित्र हैं
हैं सब एक
उसी की रचना

खुदकुशी कहते हैं

खुदकुशी कहते हैं
वो इसे
दिल कत्ल कहते है
हमने तो जब उसे
खुदा ही मान लिया
हम तो उसे
बंदगी कहते हैं

हद है शोखियों की

हद है शोखियों की,

कि मोहब्बत को ख़ुदकुशी

बता दिया...

अरे मोहब्बत तो जनाब,

हर हाल में कुदरत की नेम है...

मोहब्बत तो हमारे बस

में नहीं, कि मरें या जियें,

ये बात ठीक है कि,

ये दिल धड़कता है

पर, आवाज़ नहीं होती...

क्या दूरी

क्या दूरी
क्या रुक्मिणी
क्या मुरली
क्या श्याम
कृष्णा से
पहले आये
राधे राधे नाम

ढूंढता है पल...ज़िंदगी में

ढूंढता है पल...ज़िंदगी में
ज़िंदगी के...पल...

तलाशी लेता जेबों में
हमदम की...
कभी दरख़्त पहाड़
समंदर की...
हवाओं के दामन में
खुशबुओं की...

कभी दौड़ता बाहर
ज़माने की आंखों में
ढूंढने वो पल...
कभी तनहाइयों में
वो पल जीने की...

कभी दोस्ती में
कभी इश्क़ में...
कभी छोटी छोटी
दिल्लगी में...

ढूंढता है वो...
ज़िंदगी में
ज़िंदगी के...पल

किसका इंतज़ार है

किसका इंतज़ार है

तू बस ये कह कि,

मैं हूँ, मैं हूँ, मैं हूँ,

मैं हूँ, तो ये दुनिया,

दुनिया है, आबाद है,

गुल है, दरिया है,

मौसम हैं, किनारें है,

साल और सदियां है,

बस मैं हूँ तो,

खुशबु की ये दास्तां है,

फूल है, गुलिस्तां है,

मैं हूँ तो ही ये,

मेरे, सूरज चंदा हैं,

और मैं हूँ तो ही,

सुख के दुख के,

नए पुराने कारवाँ है,

गर मैं हूँ, तो ही ,

तो तू है, दिल निशां है,

मैं हूँ तो ही इस,

फ़िज़ा की कहकशां है,

जो मैं हूँ, तो ही,

ये मेरे रंग जवां हैं,

जो मैं हूँ, तो ही तो,

ये तेरी मेरी दास्तां है...

एक नदी प्रेम की

एक नदी
प्रेम की
स्वच्छ निर्मल
वात्सल्य सी
आसमां को
मोहती
सबके मन
हरती
कल कल
करती दौड़ती
अपना सागर
ढूंढती
चट्टानों को
झेलती
झरने बनकर
बरसती

वनों फूलो
को सींचती
अपना अमृत
बाँटती

वनों फूलो
को सींचती
अपना अमृत
बाँटती

मित्रता गुण

मित्रता गुण
एक है
जा मे गुण
की खान
जो एक सच्चा
मित्र मिले
तो कृष्ण
मिल गया जान

बिछड़ना तो मजबूरी थी

बिछड़ना तो मजबूरी थी
पर मुहब्बत बहुत ज़रूरी थी
बिछड़ तो जिस्म गए पर
रूह एक दूजे में पूरी थी

आज सोचा कि

आज सोचा कि
बेवफा तू
ना मोहब्बत
काबिल तू

रूह की ठेस
तूने दी है
दिल दिया
गामील हमे

अब ना सोचेंगे
तुझे हम
जा तुझे बस
रिहा किया

जा बेवफा तुझको
दिल से अपने

खाली किया

अब ना आएंगे
गली तेरी
अब ना देखेंगे
तुझे

ना तेरी शोख़ी
ना तेरे रुख़सार
को सजदा करे

पर जाने क्या हुआ
एक आवाज जो
दी तूने ज़रा

छोड़कर शिकवे हज़ारो
दौड़ते तेरी तरफ़

सोचकर तुमको

सोचकर तुमको

याद हो आया

हमको

वो ज़माना

वो रुत

वो मौसम

बदखुमारी का

के आग़ोश में

तेरे दिन रात

गुज़ारे मिलकर

वो पल, वो पलछिन

वो तेरी आग में

तप कर ये

रूह हुई नर्म

जानिब में तेरे

जो बेइंतहा

कशिश थी
खुशबुओं रंगों में
तेरी ये जहाँ रँगा
बस जिस्म ही
मिलना नहीं
ये रूह रंग गयी
तेरे संग एक हो
ये साँस जग उठी

हुस्न में तेरे

हुस्न में तेरे
शराब तो है
जहर भी है

कि पीने के बाद
ना मरने दिया
ना जीने दिया

कशिश तुझमें
गुलाब सी है
खुशबू के साथ
काँटा भी है

किरायेदार थे
कुछ दिन तेरे
दर के हम
निकाले गए

जब मियाद
पूरा हुआ

गर दूरियां ही

गर दूरियां ही
इश्क़ पे
हावी होतीं
तो राधा
और मीरा
कैसे होतीं

गर होता सच्चा
इश्क़ मेरा, तो
उसमे मैं
और मुझमें
वो शामिल होती

रूह में वो

रूह में वो
जा बसा
दिल गुलो
गुल्ज़ा हुआ
और क्या
दौलत वो देगा
इश्क़ जो
बख़्शा गया

इस दर्द में

इस दर्द में भी
एक मज़ा है,
तो फिर,
ये क्या कोई
सज़ा है...

छोड़कर ज़ालिम तुझे

छोड़कर ज़ालिम तुझे
जो, दर्द ये क़ामिल हुआ,
चैन इस बैचैनी का
कोई पूछे तो ज़रा हमसे...

रास्ता जो

रास्ता जो
जाता तेरी तरफ
ना जाने क्यो
खुशबू उस पे
आती है तेरी
तू चलती होगी
उसके जानिब
चलती हुई किरन
रोशनी से तेरी ही
वो राह
रोशन होती होगी

वो मिल ना सका मुझको...

वो मिल ना सका
मुझको...
तो ये हार है मेरी,

पर इश्क़ मेरा
फिर भी,
क़ामिल है बेशक़...

गर मिल जाता
वो मुझको,
तो इम्तिहां ना होता,

और इंतिहां क्या
है मेरी,
ये पता ना होता...

जानिब तेरी

जानिब तेरी
ख्वाहिश तेरी
कुछ तेरी कशिश
कुछ मांगते
कुछ चाहते
बस यही क़ामिल

क्या राब्ता है तुझसे

क्या राब्ता है तुझसे

मालूम नहीं हमको

लगता है धोखा

दे रहे खुद को

जो राब्ता है तुझसे

वो जानता है मन

कह नही सकते

कुछ कर नहीं सकते

जो जा चुका

जो जा चुका
रहे सदन में
जो जा बसा
रक़्ते जिगर
क्या भूलूँ
क्या भुलाऊं
तू ही तू
बस
तू ही तू

वो ज़ुल्म उसका

वो ज़ुल्म उसका
हसीं सितम बरपा गया,
हुक्मे गुलाम उसका
मैं सच ज़िंदा हुआ...

तू हो जाये

तू हो जाये
किसी और की,
कर ले राब्ता
उससे,
तेरा जो मुझमे है
वो ही बस
ज़रूरत मेरी...

सजिशें तेरी

सजिशें तेरी
उफ्फ अल्लाह
जानिबे ज़िंदगानी हुई

तेरी बस दिल्लगी
अपनी रुहे
रोशनी हुई

आपके रुख़सार की

आपके रुख़सार की
तपन का पर्दा
रूह में शामिल मेरी,
जीते हैं आपकी
इसी सौगात पे हम...

वक़्त के दरिया में

वक़्त के दरिया में
बहते हम
कहीं हाथ पकड़ लें
तो...

रंगों दुनिया, वो खुमारी
ना जाने क्या क्या
इस दिल की
हसरतें पूरी हों

जो मिल जाओ तुम
हमको... तो फिर
ये पूरी कायनात ही
अपनी हो

मजबूरियां...

मजबूरियां, और
ये रजा उस मालिक की
ना मिल सकें हम
तो क्या...

कशिश वो उसकी
आज भी।
बेतरतीब बरपा है
मुझ पर..

हाल पूछ के

हाल पूछ के
हाले दिल पूछ लिया
जब दिल हमने खोला
तो रुसवा करके
चल दिए...

जाने का हमने तो
कोई रंज किया नही
बस रखकर छवि
दिल में, अपना
दिल बंद किया...

ज़िंदगी मे कुछ

ज़िंदगी मे कुछ

ऐसा मोड़ भी

आया है

जब इश्क़ ने हमे

अजनबी बनके

बुलाया है

एक अनजानी

मुस्कुराहट से

हमे अपना हाल बताया है

और अनजाने

बनकर ही हमने भी

अपना हाल बताया

कशीशे ख़याल आपका

कशीशे ख़याल आपका
ज़िन्दगी रुमानियेबस्त अदा हुई
सिमट गई आरज़ूए सरबस
मौजे रूहानियत अदा हुई

छाँव और धूप

छाँव और धूप,

क्या है इनका,

आती हैं, जाती हैं,

मौसम है, रुत है,

आने दो, जाने दो...

पहिया है, गोला है,

घूमता है, घूमने दो...

हम हैं, तुम हो,

जीते हैं, मरते हैं,

जीने दो, मरने दो...

ये कुदरत का खेल है,

उसको ये खेल,

खिलाने दो, खेलने दो,

पर, जीना है, जब तक,

हमको, तुमको,

जीने दो, जीने दो...

खो जाते है यहाँ

खो जाते है यहाँ,
पोरस और सिकंदर
वक़्त की रेत पर..
मुसाफिरखाना है ये,
कोई किसी का
घर नहीं...

दिल के ज़ख्म

दिल के ज़ख्मो
का खिलखिलाना भी
दिलकश है

बेदीदार अपने मे
खो जाना भी
मोहब्बत है

कि बात अंदर की
बताये भी गर
पर सबकुछ बताना भी
मुश्किल है

दिल की दीवारें

दिल की दीवारें नम हुई
कोई दावानल सा खुल गया,
जब प्यार सच्चा हो गया
तब यार मेरा खो गया

खुले मौसम की

खुले मौसम की,

स्वच्छ बारिश में,

आज उतरी थकान है,

धुल गया मन,

धुल गया दिल,

अब ना कोई,

मलाल है...

साथ का वादा

शुदहेला

दोस्ती का राग है

जीवन की

हर घड़ी में

जहाँ भी हो

हम तुम्हारे साथ है...

जिंदगी के पल

जिंदगी के पल
कुछ यूँ ही तो नहीं
कुछ तो दुआ
साथ होगी

ये कशमकश
ये शहरयारी
ये कसक
कहीं तो फँसी
होगी

ना खुदा फरेबी
ना दोस्त यारी
कुछ कारदानी हमारी
रही होगी

आरज़ुओं के मंज़र

कुछ ख़्वाहिशें पुरानी

कहीं तो जाँ

लगी होगी

मर के जीना

जी के मर जाना

कुछ तो कहानी

अधूरी होगी

ना सनम पथ्थर के

ना सनम पथ्थर के
ना ज़माना पथ्थर का
ये किस्मतों की बात है
ये दिल मिले की बात है

ज़र्रा ज़र्रा

ज़र्रा ज़र्रा महफ़ूज़ है तेरा

दिल की गहराइयों में अपनी

लिखना क्या बस

तस्वीर बनाई है

अपने लफ़्ज़ों से तेरी

इश्क़ गर ज़हर है

इश्क़ गर ज़हर है
तो पीना है हमको
कि बे-मोहब्बत की
ज़िंदगानी से तो
मोहब्बत की मौत भली

तमन्नाओं को रहने दो

तमन्नाओं को रहने दो,

जगह अपनी पर,

इनका क्या है,

आती हैं तो,

रुलाकर ही जाती है...

ज़िन्दगी के लम्हे

ज़िन्दगी के लम्हे जो
गुज़ारे साथ तेरे हमने
वो चाहे ख्वाबों में हो
या यादों की बारिश में
कमबख्त रूह के
तहखानो में जा बसे

पानी की बूंदें

पानी की बूंदें हैं
हम और तुम
इस वक़्त ने तो
दरियाओं को
चलना भुला दिया

तृष्णा उम्मीद लोलुपता

तृष्णा उम्मीद लोलुपता,

छोड़ के मन देख...

पा के परमात्मन

ब्रह्मानंद में खेल...

ज़िन्दगी के तूफा

ज़िन्दगी के तूफा

और ये अंधेरा

कहते है जब

अंधेरा हद से

बढ़ जाये तो

समझना अब

मौसम का रंग

बदलने को है

ना छोड़ना आस

ना करना अविश्वास

उसकी कुदरत पर

एक न एक दिन

उसकी दया का

सागर उमड़ने

को है

नमो नमो हे जगदा

हे स्निग्धा

हे पयोधरा

हे मात्री

हे प्रेमिका

हे भगिनी

हे पूर्ण अन्ना

हे कामाक्षी

हे वत्सला

हे शक्ति

हे त्रिनेत्रा

हे धर्मा

हे कामा

हे पूर्णा

हे शक्तिदा

नमो नमो

हे जगदा

जो तेरा है

जो तेरा है
वो तेरा है
जो उनका है
वो उनके लिए

हम् तो ऐसे
ही जीते है
एक निष्छल
झरना बन के...

तुम हो खुशनसीब

तुम हो खुशनसीब

कि

कह तो लिया...

जो दिल में था

वो धीरे से

हल्का किया...

पर कुछ बुजदिलों

का क्या

जो कह भी

ना पाए...

ये ब्द्खुमारी

वो दर्द

वो जालिम

साँसों के
संग गया

कृष्ण विजयी जीवन

कृष्ण विजयी जीवन

मुक्ति भुक्ति भूषण

रास योग राधन

कर्म योग दीपन

मित्र मीत भगवन

जीवन परा जीवन

प्रेम उत्सव नायक

राधा मीरा प्राण

गर इश्क़ ही कर लिया

गर इश्क़ ही कर लिया

एक हाकिम से टूटकर..

खुदा क़सम फिर

दिल मे बैठे हाकिम के सिवा

कोई हाकिम ज़रूरी नही

कुछ सितम सा

कुछ सितम सा
तुमको देख कर
इस दिल पर
हुआ है

ये तेरी आग
है जिससे
दिल जल
उठा है

रुकसार तेरा
आतिशी सुर्ख
हुआ है

और पाने
को तुझे

ये दिल
भंवरा हुआ है

गुस्ताख ये मन

गुस्ताख ये मन,
परबस ये मन,
प्रेम का प्यासा
ये मन...

सच्ची मित्रता

सच्ची मित्रता गुण भरी
देखें जात ना पात
मित्र हँसे तो वो हँसे
और एक दूजे की ढाल

एक अफ़साना ही तो है

एक अफ़साना ही तो है

ये ज़िन्दगी तेरी मेरी

एक दास्तां है दास्तानों की

मिलने की बिछड़ने की

दिन रातें हँसने रोने की

कुछ पाने की कुछ खोने की

अरमानों ख़्वाब सजानें की

गिर गिर ऊपर उठने की

उठ उठकर नीचे गिरनें की

जन्नत से गिरती परियों की

फिर तपकर परियाँ बनने की

परवानों की और भँवरों की

जी कर आगे बढ़ जानें की

ओ मालिके जहाँ

ओ मालिके जहाँ,
कर करम बंदों पे
अपने...
हुआ जो उसे माफकर,
काट ये कर्मों के
फंदे...
कर हवाला अपनी
मालिकी का,
दे सबब अपनी
बंदगी का,
थक गए अब
राह चल के,
रास्ता दे अब
तेरी तरफ...

ज़िन्दगी के पड़ाव

ज़िन्दगी के पड़ाव,

आते जाते रहेंगे,

ये दुखके सुखके,

बादल,

बनते छंटते रहेंगे,

जैसा भी हो ,

रवैया ज़िन्दगी का

मैं साथ हूँ...

निंदिया की बगिया में

निंदिया की बगिया में
सो जा सुख से,
जीवन से जीती है
बहुत मुश्किल से,

आये सवेरा नया
आये नई मंज़िले,
पर दुख ना आये
अब कभी सामने...

लरज़ती आँखे

लरज़ती आँखे
भारी चितवन
गुलपरी फिर भी
भरती ये मन

सुख निदिया में

सुख निदिया में
तू सो जा,
एक बार भूल
ख्वाबों में खो जा,
कल फिर नया
दिन आएगा,
नई सुबह
नई बातें लाएगा,
जो भी हो
वो अच्छा होगा,
खुशबु पवन में
तू बिखरा...

कुछ सुन कर

कुछ सुन कर,
अब चुप से हैं
हमारे सब रंग,

चुप हो गए
सब हमारे लब्ज़

एक सन्नाटा सा
छाया है अब
दिल पर...

न बोलते हैं,
न ही सुनते
हैं अब...

एक झंकार सी

एक झंकार सी
है, जिसने मन
हिला दिया...

हवा में हैं कुछ,
हमारे कदम,
और सारा बदन
उड़ने लगा...

दिल के चिरागों
में कुछ लपट सी
है लगी,
खुद अपना हर
कोना चुभने लगा...

ये आग कुछ
यूँ ही नहीं

है ग़ालिब,

जो भी इसमे
जलने लगा,
बस उसने ही
सब जिया...

कुछ नही पर

कुछ नही पर
कुछ तो है,
शायद दिल का
वहम ही सही,
पर दिल उसमें
सरोबार तो है...

रहने दो हमें
हमारी खुशफहमी में,
कि ज़िन्दगी इसमें
कुछ मदहोश तो है...

भूल जाना पड़ता है

मेरे प्रेम,

मेरे शब्दों की,

कीमत

कुछ भी नहीं...

बस कहता हूँ,

और

भूल जाना पड़ता है

हमदर्द हमराही

हमदर्द हमराही बस
वो ही नहीं जो,
झूठे सच्चे साथ जिये,

गर ऐसा ही होता तो
क्या राधा क्या कृष्ण

तू बोले तो
ठीक कृष्णा,
न बोले तो ठीक...

जीता भले ही
अर्जुन ने स्वयंवर,
कृष्ण द्रौपदी मीत,
चीर हरण के समय,
अनवरत पहुंचा,
अम्बर चीर...

किस्से ऐसी प्रीत के
रहे आज और अतीत,
कर्म फलित हो आया
देखो राधा बिना मीत...

है तपोवन धरा ये,
ऊपर जलती धूप,
प्राणी चाहे जल जाए,
प्रेम रहा चिर जीत...

यूँ तो काफिला

यूँ तो काफिला
इस खेल का बदस्तूर
चलता रहा...

पर ज़ेहन की
खिड़की के कोने
में कुछ खलता रहा...

नज़र आया नहीं
आज वो चाँद,
रात का मज़ा
कुछ हल्का रहा...

है समा रात का

है समा रात का,

सब कुछ है मंद...

शांत ये सारी धरती,

फिर क्यों डगमग मन...

शांत वायु बह रहा,

है शरद मौसम...

पास है, कोई दूर है,

चंचल बहुत ये मन...

ये समा सब श्याम है,

पर हिल रहा ये मन...

कैसी है ये त्रिशनगी,

कब छुटे ये बंधन...

अदा वो नहीं

अदा वो नहीं,

जो बनाकर बनाई जाए...

अदा वो है जो,

कुदरत से बक्शी जाए...

घूमते होंगे रंगीन चश्महे,

टिड्डे कहीं यूँ ही...

हम तो पराग पीते हैं,

वो भी असली फूलों का...

कुछ ऐसी ही है

कुछ ऐसी ही है,
तकदीरों की कहानी,
इस का कोई भरोसा नहीं,
कि कब लील दे जवानी...

कब इसके रंग बिखेर दें,
जादू खुशी का,
कब रगड़ दे ये ज़िंदगानी...

कि बहुत बेरहम है ये,
करती बहाना करम का,
ये इसके बहाने उठा दे,
जनाज़ा आशिक़ी का...

कि, इसने दम-ब-दम,
बहुत आँसू निचोड़ें हैं,
बहुत से परवाने,

परियों से बिछोडे हैं...

ये न उम्र देखती न ग़म,
ये रुला के भी अलबत्ता,
नहीं लेती दम...

हमारी ज़िंदगी का,
तो ये ही फ़साना,
लड़ना है, और लड़ना है,
और जो बाकी बचे,
वोही बस मनाना...

ये कहानी ज़िन्दगी की है

ये कहानी ज़िन्दगी की है,

कोई लिखी किताब नहीं,

दिल खोलना पड़ेगा,

कोने टटोलने पड़ेंगे...

ये किस्से कुछ यूँ ही नहीं,

जो पड़े हों अलमारी में,

संदूक खोजने पड़ेंगे,

धूल झाड़नी पड़ेगी...

फिर सामां भी ज़्यादा है,

क्योंकि राह भी काफी गुज़री,

और कुछ ज़रूरी चीजों को,

जो कबाड़ में डाली थी,

निकलना पड़ेगा...

क्योंकि आधा बताना हमें,

आता नहीं,

और पूरा दिखाना अलबत्ता,

हर बार होता नहीं ज़िन्दगी में...

कहाँ है वो

कहाँ है वो,

आज,

कुछ पता नहीं,

कहीं कोई

गुस्ताख़ी से,

खफ़ा तो नहीं...

दिल दुखाने को नहीं

दिल दुखाने को नहीं,

दिल बहलाने को नहीं,

कुछ गुस्ताख़ी हुई तो,

नादानी मे हुई...

वो जो हमारा अपना था,

है, रहेगा,

उसको दिखाने में हुई...

बेरुखी से हमें

मत देखना,

नापाक इरादों से नहीं,

पर लब्ज़ फिसल

जाने से हुई...

हम तो वही हैं,

जो पहले थे,

बात ही बात में,
बह जाने से हुई...

जो आपको हो,
नागवार वो बात
अब नहीं होगी...

यूँ आखिरी बार,
कह दे, कि...
ये जो कुछ अपना
होता है, उसमें,
खुद अपना भी
दखल नहीं होता...

तो ये समझ कर
माफ़ कर देना,
बस ये बात
इस गुज़ारिश को हुई...

कुछ इज़ाज़त दो

कुछ इज़ाज़त दो,

तो कुछ कहें...

इस ईश कृति की,

कुछ पूजा करें,

कि अब घबराए हैं,

लब्जों-दिल कहने से,

क्योंकि,

कहीं जितना मिलते हो,

उतना भी तुमहे खो दैं...

कि घबराहट तो,

कभी न हुई, न होगी,

उनहे चाहने में,

पर डर अब है,

उनके रूठ जाने में...

हँसा करो, खिलखिलाया करो

हँसा करो, खिलखिलाया करो,

उम्र का न कोई भरोसा,

न अपना दिल दुखाया करो,

कि पराग के लिए,

भँवरे तो दिल

जलाएंगे ही,

न उनको दिल

से लगाया करो,

न उदास हो

जाया करो...

नादानी माफ़ करना

आपकी आदत है,

अपनी तपस्या से

उन्हें आईना दिखाया करो...

कर्मानुबंधन निर्वाण...

उसकी शोख़ी सादगी

के क्या कहने,

की चुप सी है,

वो देवी मंदिर में,

अपने...

रहती है

गुड़िया की तरह,

करती सेवा फूलों की,

हंसती रहती,

कुछ न कहती वो,

अपने मन की...

कि लिया व्रत

एक उसने मान,

जीना है उनके लिए,

करना कर्मानुबंधन निर्वाण...

सच कहें तो

सच कहें तो
आज कल ...
बेखुदी सी ज़ियादा है,

एक तेरे सिवा
और कुछ
आता नहीं नज़र हमें,

सितारों की देवी सी
है मूरत तेरी,
बता अब बहकें,
तो ख़ता क्या मेरी...

बस एक वो

बस एक वो,
ये क्या हुआ,
हमे...

आँखों के
पन्ने पर,
बस एक वो,
ये कुछ हुआ
हमे...

रात के आराम में,
दिल की
धड़कन वो,
ये मर्ज हुआ,
हमें...

रास्ते में जाते,
बैठी खड़ी
मुस्कुराती वो,
ये नशा हुआ,
हमे...

कामों में करते से,
बीच मे
आती वो,
ये इंतज़ार,
हमें...

क्या जाने कब,
पूरी मिल जाए
वो हमे...

क्या इन आँखों से

क्या इन आँखों से
पीकर छोड़ोगे,

क्या ये जान हमारी
लेकर छोड़ोगे...

देखा कल हमने

देखा कल हमने,
यहाँ, छल्ला वो,
तेरी नाक का,

हिल गया ये,
दिल मेरा,
देखकर ये तेरा,
रूप नया..

खुशबु से तेरी
हारे हैं,
दिन में दिखें,
गुल सारे हैं,

इस छल्ले ने,
तेरी नाक के,

दिल में नश्तर,
मारे हैं...

तुम अपनी निगाहें

तुम अपनी निगाहें,
हम पर सख्त रखना,
हम तुमहे नर्म निगाहों
से देखेंगे...

क्योंकि गर हुई
नर्म निगाहे तेरी,
तो संभलना,
मुश्किल होगा...

न जाने ये

न जाने ये
हुआ क्या है,

इस ज़ेहन में,
मचा क्या है,

चलते रास्ते,
इबादत मे उसकी,
कलाम लिखते हैं...

तेरी आँखों से

तेरी आँखों से,
गम हटाकर,
खुशी बोना
चाहता हूं...

जानता हूँ,
कि दूर हूँ,
फिर भी...
ये करना,
चाहता हूँ...

छिल गया ये

छिल गया ये
दिल सुनकर
दास्तां एक जान की,

पड़ गई जो,
कर्मवश
नोंक पे चट्टान की...

रो पड़ी,
पर न झुकी,
वो डयोढ़ी पे
शैतान की,

कर लिया
खुद का घरौंदा
बन गयी आज़ान सी...

हम तो मिले ही नहीं

हम तो मिले ही नहीं,

तो ये हुआ कैसे,

हाथ छुआ ही नहीं,

तो गुनाह कैसे,

नशा किया ही नहीं,

तो सज़ा कैसे,

जुर्म किया ही नहीं,

तो कैद कैसे...

कुछ ठहरा है

कुछ ठहरा है
मौसम दो दिनों
के बाद,
वरना अतीत के
तूफानों की
दास्तां ने,
ये समंदर
हिला दिया...

हम जी लेंगे

कोई नहीं
हम जी लेंगे,
इस दुनिया के
सच...

हम कोई
बर्फ तो नहीं,
कि ज़रा
आँच लगी और
पिघल गए

गुल ये मुस्कुरा रहे

गुल ये मुस्कुरा रहे,
अपने पे इतरा रहे,
कि गुलपरी आयी है
हमपे नेमत छाई है...

मदहोश हैं

मदहोश हैं,
बेहोश नहीं,
संभल जाएंगे...

मिलेंगे ज़रूर
एक दिन हम,

ये बंधन है,
कोई गुनाह
नहीं है...

सोये तो खैर

सोये तो खैर
कई रातों से
नहीं,
पर...
वो काशिश
ही क्या जो,
रातों को
सोने दे...

आप तो बस

आप तो बस
गुल भेजते जाइये...
गुलदस्तों का काम
हमारा है...

कुदरत ने बना

कुदरत ने बना
सोचा होगा
ये खेल यूँ
इससे कैसे होगा

ये मधुर कली
ये बन तितली
ये खूबसूरती की
है बिजली

ये पंख फैला
सिर गगन उठा
रहने को उन्मत
मदनगाह...

इसको मत भेजो
पृथ्वी लोक,

रखना हैं हमे
इसे यहीं सजा...

जग गयी सुबह

जग गयी सुबह
अपनी,
रात आयी है
वहाँ,
फ़र्क़ इतना है
ज़मीं का,
पर फूल खिलते
दोनों जगह,
देखा न,
और न
सुना है,
न कभी भी
है छुआ,
छू गई है
रूह लेकिन
साथ कुछ
ऐसा हुआ...

नींद की मस्तियाँ

ये जो आँखों में
नींद की मस्तियाँ हैं
ये तो,
चैन है आराम है
दिल का...

नशा सिर्फ शराब
से ही नहीं होता
ज़्यादा लोग तो
आँखों के नशे
में ही डूबते हैं...

आपकी बेरुखी

आपकी बेरुखी
सहना अब बहुत
मुश्किल होगा...
आप तो बड़े
दिल से हमारी
अनजानी भूलों
को भूलते रहना...
कुछ समा ही
ऐसा है, कुछ...
वक़्त ही यूँ है...

ये तो काशिशे राब्ता है जी

न तो ये वो भंवरा है,

न तो ये वो परी...

जब वास्ता हो रूह का,

तब मिलन की किसको पड़ी...

ये तो काशिशे राब्ता है जी,

ये तो रहता है चाहे ग़म हो,

या हो खुशी...

और डरते घबराते नही,

चाहे कुछ भी हो, क्योंकि,

लगन में पड़े बहादुर हैं,

चाहे भंवरा हो या परी...